AF324421

ALLOCUTION

prononcée à Haubourdin, le 31 mai 1887,

AU MARIAGE DE

Mr Georges HERLIN & Mlle Elisabeth CREPY.

ALLOCUTION

prononcée à Haubourdin, le 31 mai 1887,

AU MARIAGE DE

Mr GEORGES HERLIN & Mlle ELISABETH CREPY.

———— ✦ ————

MONSIEUR, MA CHÈRE COUSINE,

Vous voilà donc devant les saints autels.... et nous allons entendre vos serments.

Vous connaissez la grandeur du Sacrement que vous allez recevoir ; vous connaissez les devoirs qu'il impose, les conséquences qu'il entraîne, les dispositions qu'il exige, les grâces qu'il produit. Cependant, comme vous êtes de ceux que les grandes choses n'effraient pas, vous venez demander à Dieu d'unir vos deux existences.... Je me reprocherais de retarder ce moment si désiré et si solennel, si l'Église, votre Mère, ne me faisait un devoir de vous rappeler la gravité des engagements que vous allez contracter.

Vous le savez, il n'est pas permis, il n'est pas possible même à des chrétiens de se marier sans prendre pour témoins Dieu et son représentant. Il y a quelques instants, vous avez fait connaître officiellement aux hommes votre volonté bien arrêtée de vous épouser. La parole que vous prononcerez ici n'atteindra pas seulement l'oreille des hommes : sa portée sera plus grande, elle retentira jusque dans le ciel, jusqu'à Dieu même.... Ou plutôt le Fils de Dieu, Jésus, que vous avez invité à vos noces, *« et vocatus est Jesus ad nuptias »*, viendra au milieu de vous, vous écoutant, vous bénissant, vous unissant lui-même, réalisant ce que représente cette médaille du VIe siècle, où l'on voit deux fiancés au pied de l'autel, et, derrière eux, Jésus les mains posées sur leur épaule. Et pour rappeler qu'une alliance cimentée par l'Éternel est de droit une union bénie et à laquelle

rien ne manque, pas plus la douceur que la force,
pas plus l'aide de Dieu que la volonté de l'homme,
on lit en exergue ces deux mots grecs : Θεοῦ χάρις, la
grâce de Dieu. Vous comprenez donc qu'un mariage
auquel Dieu assiste nécessairement, dont il forme et
resserre lui-même les aimables chaînes, qu'il promet
d'avance de couvrir de la rosée céleste de sa grâce,
n'est pas une simple cérémonie, mais bien, suivant
la parole de l'Apôtre, un grand Sacrement : « *Sacra-
mentum hoc magnum est.* »

Aimer son époux, son épouse, jusqu'au dévoue-
ment, jusqu'au sacrifice, sans cesser d'aimer Dieu
par dessus toutes choses, telle est la grande loi du
mariage chrétien, et telle est aussi la grâce spéciale
que vous recevrez du sacrement. Polyeucte l'exprimait
admirablement, quand il disait à Pauline :

« Je vous aime

Beaucoup moins que mon Dieu, mais bien plus que moi-même. »

Je n'en doute pas, chers fiancés, votre foyer sera
chrétien. On rapporte que le cardinal di Rende,
ancien nonce à Paris, étant allé visiter Gounod, le
grand artiste, en lui montrant le magnifique Christ
de Franceschi qui orne son orgue, lui disait :

« Excellence, voilà le maître de la maison, je ne suis que son serviteur. » Que Dieu soit aussi le maître chez vous, et l'harmonie la plus parfaite y règnera avec la paix et le bonheur. Que chaque jour, sans exception, il y soit le premier le matin et le dernier le soir. Que là et partout vos pensées, vos paroles, vos habitudes, vos démarches, vos occupations, vos influences soient conformes à votre foi. Enfin, qu'il n'y ait jamais pour vous une heure pour être hommes, époux, parents, amis, et une autre heure pour être chrétiens.

Souvent sans doute, cher Monsieur, sous l'inspiration de ces pensées de foi qui vous sont depuis longtemps familières, vous avez dit dans votre cœur : Seigneur, montrez moi celle que vous m'avez choisie, celle qui doit être mon repos pour toujours, celle qui doit être mes délices et ma gloire sur la terre et qui doit m'aider à gagner le bonheur éternel.... J'ose vous dire que vous l'avez trouvée. Sa vie virginale et pure, la sincérité et l'élévation de ses principes religieux, la rectitude de son jugement, son goût pour la vie sérieuse, l'amabilité et le charme de son caractère feront d'elle l'ornement précieux de votre foyer, la compagne fidèle de votre existence, la pieuse éducatrice de vos enfants. Regardez-la comme une tendre amie que le Ciel vous donne pour lui confier tous vos secrets, tous vos bonheurs, toutes vos sollicitudes. Soyez toujours son appui, sa joie, sa consolation.

Et vous, ma chère Cousine, ayez pour votre mari respect, obéissance, amour surtout. Sachez volontiers sacrifier vos goûts, immoler vos caprices, faire taire vos répugnances. Effacez-vous en tout et toujours, vous souvenant de cette belle remarque d'Ozanam : « Le rôle des femmes chrétiennes ressemble à celui des anges gardiens. Elles peuvent conduire le monde, mais en restant invisibles comme eux. » Vous aurez tous les loisirs et tous les avantages de la fortune : profitez-en pour vous livrer toute entière aux soins de votre maison, pour secourir les pauvres, pour prendre des habitudes de prière et de piété.

Du reste, vous n'avez tous deux, chers Fiancés, qu'à suivre les exemples que vous avez eus sous les yeux depuis votre enfance. Vous mériterez par là l'estime et la considération des hommes, dont vos parents et vos grands-parents sont si justement entourés ; vous vous attirerez les bénédictions divines, dont ils n'ont pas manqué non plus ; et, s'il plaît à Dieu de prolonger autant leur pélerinage et le vôtre, vous pourrez comme eux, après cinquante années d'union, de vertu, de charité chrétiennes, célébrer vos noces d'or au milieu de vos arrière-petits-enfants.

Ainsi soit-il.

G. RAFIN,
prêtre.

IMP. L. DANEL.